शाकाहारी

ंतर्राष्ट्रीय
जन श्रृंखला

संजीव कपूर की

चायनीज़ कुकिंग

अल्योना कपूर के सहयोग से

पॉप्युलर प्रकाशन
www.popularprakashan.com

राजपाल

खाना ख़ज़ाना पब्लिकेशन्स प्रा. लि. के लिए
पॉप्युलर प्रकाशन प्रा. लि. द्वारा प्रकाशित
पॉप्युलर प्रकाशन प्रा. लि.
301, महालक्ष्मी चेम्बर्स
22, भुलाभाई देसाई मार्ग
मुंबई 400 026

प्रथम प्रकाशन 2007
द्वितीय पुनर्मुद्रण 2014

ISBN - 978-81-7028-890-9

रुपरेखा : ॐकार ग्राफिक्स

भारत में मुद्रित
सौरभ प्रिंटर्स प्रा. लि.
ए-16, सेक्टर 4, नॉयडा

समर्पण

मेरे सभी पाठकों और मेरे
सहयोगियों को जो हमेशा
विश्व के विभिन्न जायकों के
सफर पर मेरे साथ रहे हैं.

सह-प्रकाशक
राजपाल एण्ड सन्ज़
कश्मीरी गेट, दिल्ली - 110 006
website: www.rajpalpublishing.com
e-mail: sales@rajpalpublishing.com

खक की कलम से

यनीज़ व्यंजन भारतीयों के पसंदीदा हैं. हमनें अपने स्वाद के अनुसार इसमें इतना फेर-बदल कर दिया है कि अब एक नयी कशैली निर्मित हो गई है, जिसे दुनिया भर में 'इंडियन चायनीज़' के नाम से जाना जाने लगा है. इस किताब में चीन के विभिन्न क्षेत्रों मौलिक व्यंजन जैसे शेज़वान वेजिटेबल, स्टीम्ड मोमोज़, केन्टोनीज़ वेजिटेबल्स आदि दिए हुए हैं.

यनीज़ पाकशैली मुख्य रूप से दो भागों में विभक्त की गई है. पहला है 'यिन' अर्थात शीतकारी आहार और दूसरा है 'यांग' अर्थात ग आहार. चायनीज़ व्यंजनों को बनाने में ''पाँच'' की अवधारणा महत्त्वपूर्ण है. चीनी पाक-क्रिया में पारंपरिक पांच स्वाद - मीठा, ा, कड़वा, तीखा और नमकीन के साथ-साथ 'ज़ियांग' (खुशबू) और 'ज़ियान' (ज़ायका) का भी समावेश किया गया है.

यनीज़ व्यंजनों को बनाने की विधि अनूठी है. सब्ज़ियों आदि को व्यंजन के अनुसार अलग-अलग आकारों में काटा जाता है. उन्हें य पर ही मेरिनेट किया जाता है. सब्ज़ियों, नूडल्स आदि का ताज़ापन बनाये रखने के लिए उन्हें तेज आँच पर उछालते हुए भूना ता है. इससे ये कुरकुरे और स्वादिष्ट लगते हैं.

जन के संबंध में एक प्राचीन चीनी कहावत है कि, ''एक बढ़िया व्यंजन पहले आँखों से, फिर नाक से और अंत में मुँह से खाया ता है.''

बनाइए इन पारंपरिक व नये चीनी व्यंजनों को और अपने मित्रों व रिश्तेदारों को दीजिए एक पौष्टिक, स्वादिष्ट और शानदार यनीज़ पार्टी !

ी कुकिंग !

विषय-सूची

क्लियर लेमन कोरियन्डर सूप

सब्ज़ियों से बना नींबू और हरे धनिये के स्वाद वाला पौष्टिक सूप।

सामग्री

$2^{3}/_{4}$ छोटे चम्मच नींबू का रस
$^{1}/_{2}$ छोटा चम्मच कद्दूकस किये हुए नींबू के छिलके
3 बड़े चम्मच बारीक कटा हुआ हरा धनिया
1 मध्यम आकार की गाजर, $^{1}/_{2}$ इंच के टुकड़े किये हुए
2-3 बेबी कॉर्न, $^{1}/_{2}$ इंच के टुकड़े किये हुए
$^{1}/_{4}$ छोटी ब्रोकोली, छोटे फूल तोड़े हुए
1 बड़ा चम्मच तेल
1 हरा प्याज़, बारीक कटा हुआ
2 लहसुन की कलियाँ, बारीक कटी हुई
1 छोटी चायनीज़ पत्तागोभी, $^{1}/_{2}$ इंच के टुकड़े किये हुए
2-3 ताज़े बटन मशरूम, गोल फाँक किये हुए
4 कप वेजिटेबल स्टॉक (पृष्ठ क्र. 93)
नमक स्वादानुसार
4-5 काली मिर्चें, दरदरी कुटी हुई
$^{1}/_{4}$ छोटा चम्मच एम.एस.जी. (ऐच्छिक)

(चित्र पृष्ठ क्र 10 पर देखे)

विधि

1) उबलते पानी में गाजर, बेबी कॉर्न और ब्रोकोली को एक मिनट के लिए डालें. पानी निकाल दें और फिर उसमें ठंडा पानी डालें. फिर इन्हें पानी में से निकालकर अलग रख दें.

2) कड़ाही में तेल गरम करें. उसमें हरा प्याज़ और लहसुन डालकर मध्यम आँच पर आधे मिनट तक भूनें. उसमें चायनीज़ पत्तागोभी और मशरूम डालकर तेज आँच पर दो मिनट तक भूनें. वेजिटेबल स्टॉक डालकर चलायें और एक उबाल आने दें.

3) उसमें सब्जियाँ डालकर तेज आँच पर एक मिनट तक पकायें. नमक, दरदरी कुटी काली मिर्चें, नींबू के छिलके और एम.एस.जी. डालें और अगले एक मिनट तक पकाना जारी रखें.

4) नींबू का रस और ताज़ा हरा धनिया डालकर अच्छी तरह से मिला लें और गरमा-गरम पीने को दें.

हॉट एन्ड सॉर वेजिटेबल सूप

चायनीज़ मसालों वाला सब्ज़ियों का तीखा और चटपटा सूप आपको ज़रूर पसंद आएगा।

सामग्री

1 स्लाइस बेम्बू शूट
$1/2$ मध्यम आकार की गाजर, कद्दूकस की हुई
$1/4$ छोटी पत्तागोभी, बारीक कटी हुई
2 ताज़े बटन मशरूम, बारीक कटे हुए
$1/2$ मध्यम आकार की हरी शिमला मिर्च, बारीक कटी हुई
4-6 फ्रेंच बीन्स, बारीक कटी हुई
2 बड़े चम्मच तेल
1 छोटा प्याज़, बारीक कटा हुआ
2-3 लहसुन की कलियाँ, बारीक कटी हुई
1 इंच ताज़ा अदरक, कद्दूकस किया हुआ
2 इंच सेलरी के डंठल, बारीक कटे हुए
$1/2$ छोटा चम्मच सफेद मिर्च पाउडर
नमक स्वादानुसार
$1/2$ छोटा चम्मच शक्कर
$1/4$ छोटा चम्मच एम.एस.जी. (ऐच्छिक)
2 बड़े चम्मच सोया सॉस
2 बड़े चम्मच ग्रीन चिली सॉस
4-5 कप वेजिटेबल स्टॉक (पृष्ठ क्र. 93)
3 बड़े चम्मच कॉर्नफ्लोर
2 बड़े चम्मच व्हाइट विनेगर
1 बड़ा चम्मच चिली ऑइल (पृष्ठ क्र. 93)
1 डंठल हरे प्याज़ की पत्तियाँ, बारीक कटी हुई

विधि

1) एक कप पानी में बेम्बू शूट को दो से तीन मिनट तक उबालें. पानी निकाल दें और बेम्बू शूट को बारीक काट लें.
2) एक कड़ाही या सॉसपेन में तेल गरम करें; उसमें प्याज़, अदरक और लहसुन डालकर एक मिनट तक भूनें. उसमें बेम्बू शूट, गाजर, पत्तागोभी, मशरूम, हरी शिमला मिर्च, फ्रेंच बीन और सेलरी डालें. इन्हें दो या तीन मिनट तक या लगभग पकने तक पकायें. लगातार चलाते रहें.
3) सफेच मिर्च पाउडर, नमक, शक्कर, एम.एस.जी., सोया सॉस, ग्रीन चिली सॉस डालकर अच्छी तरह से मिला लें.
4) वेजिटेबल स्टॉक डालकर चलायें और एक उबाल आने दें. आधे कप पानी में कॉर्नफ्लोर मिलाएं और उसे सूप में डालकर हिलाएं. पकाना जारी रखें. एक मिनट या सूप गाढ़ा होने तक चलाते रहें.
5) विनेगर और चिली ऑइल डालें. हरे प्याज़ की पत्तियों से सजाकर गरमा गरम पीने को दें.

शेफ का सुझाव

हमने डिब्बाबंद बेम्बू शूट का उपयोग किया है जिन्हें खारे पानी में रखा जाता है. इसलिए इन्हें इस्तेमाल करने से पहले पानी में उबाल लेना चाहिए.

स्वीट कॉर्न वेजिटेबल सूप

मकई की मिठास वाले इस सूप का स्वाद आप भूल नहीं पाएंगे।

सामग्री

1/2 कप स्वीट कॉर्न के दाने
150 ग्राम क्रीम स्टाइल स्वीट कॉर्न के दाने
1/4 छोटी पत्तागोभी, बारीक कटी हुई
1/4 मध्यम आकार की गाजर, बारीक कटी हुई
3 बड़े चम्मच कॉर्नफ्लोर
2 बड़े चम्मच तेल
4-5 कप वेजिटेबल स्टॉक (पृष्ठ क्र. 93)
नमक स्वादानुसार
1/4 छोटा चम्मच सफेद मिर्च पाउडर
1/2 बड़ा चम्मच शक्कर
1/4 छोटा चम्मच एम.एस.जी. (ऐच्छिक)
1 हरे प्याज़ की पत्तियाँ, कटी हुई

(चित्र पृष्ठ क्र 19 पर देखे)

विधि

1) एक कड़ाही या पेन में तेल गरम करें. उसमें स्वीट कॉर्न के दाने, पत्तागोभी और गाजर डालकर दो मिनट तक चलाते हुए भूनें. उसमें वेजिटेबल स्टॉक मिलायें और एक उबाल आने दें.
2) उसमें क्रीम स्टाइल स्वीट कॉर्न डालकर दो-तीन मिनट तक या अच्छी तरह से मिल जाने तक पकायें. आधे कप पानी में कॉर्नफ्लोर मिलायें.
3) कड़ाही में नमक, सफेद मिर्च पाउडर, शक्कर और एम.एस.जी. डालें. कॉर्नफ्लोर का घोल सूप में अच्छी तरह मिलाकर तेज आँच पर और एक मिनट तक या सूप गाढ़ा होने तक पकायें. चलाना जारी रखें.
4) हरे प्याज़ की पत्तियों से सजाकर गरमा-गरम परोसें.

वेजिटेबल नूडल सूप

नूडल्स और सब्ज़ियों से बना पौष्टिक सूप ज़रूर चखकर देखें।

सामग्री

4-5 ताजे बटन मशरूम, पतली फाँकें किये हुए

1 मध्यम आकार की गाजर, लंबे-पतले टुकड़े की हुई

$^1/_2$ मध्यम आकार की हरी शिमला मिर्च, पतले-लम्बे टुकड़े किये हुए

8-10 पालक की पत्तियाँ, बारीक कटी हुई

40 ग्राम एगलेस नूडल्स

1 बड़ा चम्मच तेल

2-3 लहसुन की कलियाँ, मसली हुई

1 सूखी लाल मिर्च, बीज निकालकर काटी हुई

4-5 कप वेजिटेबल स्टॉक (पृष्ठ क्र. 93)

$^1/_4$ छोटा चम्मच एम.एस.जी. (ऐच्छिक)

$^1/_4$ छोटा चम्मच सफेद मिर्च पाउडर

नमक स्वादानुसार

1 बड़ा चम्मच व्हाइट विनेगर

(चित्र पृष्ठ क्र 20 पर देखे)

विधि

1) एक कड़ाही या पेन में तेल गरम कर उसमें लहसुन डालकर आधे मिनट तक भूनें. मशरूम, गाजर और हरी शिमला मिर्च डालकर चलाते हुए दो मिनट तक भूनें.
2) लाल मिर्च डालकर तुरंत स्टॉक डालें और चलायें.
3) इस मिश्रण में एक उबाल आने दें. उसमें नूडल्स डालकर धीमी आँच पर तीन से चार मिनट तक उबालें. बीच-बीच में चलायें.
4) एम.एस.जी., सफेद मिर्च पाउडर और नमक डालकर अच्छी तरह मिला लें.
5) विनेगर डालकर हिलायें और बारीक कटा हुआ पालक डालकर एक मिनट तक पकायें, गरमा-गरम परोसें.

शेफ का सुझाव

स्वादानुसार नूडल्स की मात्रा कम या ज्यादा कर सकते हैं. यदि इसे संपूर्ण आहार बनाना हो तो नूडल्स की मात्रा बढ़ा दें और तैयार सूप को बड़े बाउल में परोसें.

क्रिस्प पेपर एन्ड सॉल्ट वेजिटेबल्स

काली मिर्च के स्वाद वाली कुरकुरी सब्ज़ियाँ !

सामग्री

3 बेबी कॉर्न

3 बटन मशरूम, बीच से काटे हुए

6 छोटी ब्रोकोली, छोटे फूल तोड़े हुए

$1/2$ छोटी हरी शिमला मिर्च, चौकोर टुकड़े किये हुए

$1/2$ छोटी लाल और पीली शिमला मिर्च, चौकोर टुकड़े किये हुए

50 ग्राम टोफू, चौकोर टुकड़े किये हुए

1 बड़ा चम्मच तेल + तलने के लिये

$1/2$ इंच अदरक, बारीक कटा हुआ

2 लहसुन की कलियाँ, बारीक कटी हुई

$1/4$ सेलरी का डंठल, बारीक कटा हुआ

नमक स्वादानुसार

5-6 काली मिर्चें, कुटी हुई

छोटी चुटकी एम.एस.जी. (ऐच्छिक)

$1/2$ बड़ा चम्मच डार्क सोया सॉस

$1/2$ छोटा चम्मच शक्कर

1 छोटा चम्मच व्हाइट विनेगर

बेटर

$3/4$ कप कॉर्नफ्लोर

6 बड़े चम्मच मैदा

$1/2$ छोटा चम्मच बेकिंग पाउडर

नमक स्वादानुसार

विधि

1) बेबी कॉर्न को दो कप उबलते पानी में दो-तीन मिनट तक डालकर रखें. निकालकर गोल फाँकों में काट लें.

2) बेटर की सारी सामग्री मिलाकर उसमें पौन कप और डेढ़ बड़े चम्मच पानी डालकर अच्छी तरह से फेंट लें ताकि चिकना घोल बन जाए.

3) कड़ाही में तेल गर्म करें. बेबी कॉर्न, मशरूम, ब्रोकोली, हरी, लाल और पीली शिमला मिर्च और टोफू को घोल में अलग-अलग डुबोकर सुनहरा और कुरकुरा होने तक कड़ाही में तल लें. निकालकर तेल सोखने वाले कागज़ पर रखें ताकि सारा तेल निकल जाये.

4) कड़ाही में एक बड़ा चम्मच तेल गरम कर उसमें अदरक और लहसुन डालकर धीमी आँच पर आधे मिनट तक भूनें.

5) सेलरी डालकर और आधे मिनट तक भूनें.

6) तली हुई सब्जियाँ, टोफू, नमक, दरदरी कुटी हुई काली मिर्चें, एम.एस.जी., डार्क सोया सॉस, शक्कर और विनेगर डालकर तेज आँच पर एक मिनट तक ऊपर-नीचे उछालते हुए पकायें. गरमा-गरम परोसें.

किमची

यह कोरियाई व्यंजन चीनी रेस्तरांओं में स्टार्टर के रूप में अत्यंत लोकप्रिय है।

सामग्री

1 छोटी पत्तागोभी, 1 इंच के टुकड़े किये हुए
2 बड़े चम्मच तिल का तेल
4 छोटे चम्मच ब्राउन शुगर
1 छोटा चम्मच लाइट सोया सॉस
2 बड़े चम्मच व्हाइट विनेगर
3 छोटे चम्मच कुटी हुई सूखी लाल मिर्च
नमक स्वादानुसार
$^1/_2$ छोटा चम्मच तिल, सेंके हुए

विधि

1) एक बर्तन में तेल गरम करें. उसमें ब्राउन शुगर, सोया सॉस, विनेगर, लाल मिर्च और नमक डालें.
2) पत्तागोभी डालकर गैस बंद कर दें और अच्छी तरह से उछालकर मिला लें. सेंके हुए तिल छिड़ककर तुरंत परोसें.

स्टीम्ड मोमोज़

भाप में पकाये हुए यह मोमोज़ स्वादिष्ट और पौष्टिक हैं!

सामग्री

1 कप मैदा
10 फ्रेंच बीन्स, बारीक कटी हुई
1 मध्यम आकार की गाजर, बारीक कटी हुई
4-5 ताज़े बटन मशरूम, बारीक कटे हुए
2 हरे प्याज़, बारीक कटे हुए
1/4 कप अंकुरित बीन्स
8-10 काजू, कटे हुए
1 इंच अदरक, बारीक कटा हुआ
1 हरी मिर्च, बारीक कटी हुई
8-10 काली मिर्चें, कुटी हुई
1/2 बड़ा चम्मच लाइट सोया सॉस
1 छोटा चम्मच तिल का तेल
1/4 छोटा चम्मच एम.एस.जी. (ऐच्छिक)
नमक स्वादानुसार
1 हरे प्याज़ की पत्तियाँ, कटी हुई

विधि

1) मैदे में पाँच बड़े चम्मच पानी डालकर उसे कड़ा गूँध लें. पंद्रह मिनट तक गीले कपड़े से ढककर रखें.
2) एक बड़े बाउल में फ्रेंच बीन्स, गाजर, बटन मशरूम, हरे प्याज़, अंकुरित बीन्स, काजू, अदरक, हरी मिर्च, काली मिर्चें, सोया सॉस, तिल का तेल, एम.एस.जी. और नमक एक साथ मिला लें.
3) गूँधे हुए मैदे के सोलह समान भाग कर लें और उनकी छोटी पतली पूरियाँ बेल लें.
4) प्रत्येक पूरी के बीच में भरावन रखकर पूरी के किनारों को बीच में जोड़कर पोटली का आकार दें.
5) स्टीमर में पतला कपड़ा रखकर मोमोज़ को उस पर रखें.
6) ढककर आठ से दस मिनट, मोमोज़ पकने तक भाप में पकायें.
7) सर्विंग प्लेट में रखें. हरे प्याज़ की पत्तियों से सजाकर शेज़वान सॉस (पृष्ठ क्र. 93) के साथ गरमा-गरम परोसें.

क्रिस्पी बेबी कॉर्न

इस कुरकरे बेबी कॉर्न का स्वाद बेमिसाल है।

सामग्री

16 बेबी कॉर्न

$^1/_4$ कप कॉर्नफ्लोर

$^1/_2$ कप मैदा

$^1/_4$ छोटा चम्मच बेकिंग पाउडर

$^1/_4$ छोटा चम्मच सोडा बायकार्बोनेट

नमक स्वादानुसार

$^1/_2$ बड़ा चम्मच तेल + तलने के लिये

2-3 हरे प्याज़, कटे हुए

2-3 बड़े चम्मच शेजवान सॉस (पृष्ठ क्र. 93)

2 हरे प्याज़ की पत्तियाँ, कटी हुई

विधि

1) दो कप उबलते हुए पानी में बेबी कॉर्न डालकर दो-तीन मिनट तक रहने दें. पानी निकाल दें.
2) कॉर्नफ्लोर, मैदा, बेकिंग पाउडर, सोडा बायकार्बोनेट और नमक में आधा कप और एक बड़ा चम्मच पानी डालकर हिलाते हुए हल्का गाढ़ा घोल बना लें.
3) एक कड़ाही में तेल गर्म करें. बेबी कॉर्न को घोल में डुबोकर सुनहरा और कुरकुरा होने तक तलें. निकाल कर तेल सोखने वाले कागज़ पर रखें.
4) फिर से बेबी कॉर्न को गर्म तेल में डालकर सुनहरा भूरा होने तक और एक बार तलें. कागज़ पर रखकर एक ओर रख दें.
5) एक दूसरी कड़ाही में आधा बड़ा चम्मच तेल गर्म करें. उसमें हरे प्याज़ और शेज़वान सॉस मिलाकर आधे मिनट तक मध्यम आँच पर भूनें.
6) उसमें तले हुए बेबी कॉर्न और हरे प्याज़ की पत्तियाँ मिलाएं और लगातार ऊपर-नीचे उछालते हुए एक मिनट तक तेज़ आँच पर पकाएं. गरमा-गरम परोसें.

शेज़वान वेजिटेबल फिंगर्स

सब्जियों से बने यह तीखे फिंगर्स वाकई लाजवाब हैं!

सामग्री

1 मध्यम आकार की गाजर, कद्दूकस की हुई
$1/4$ मध्यम आकार की फूलगोभी, कद्दूकस की हुई
1 छोटी हरी शिमला मिर्च, बारीक कटी हुई
$1/4$ छोटी पत्तागोभी, बारीक कटी हुई
8-10 फ्रेंच बीन्स, बारीक कटी हुई
1 छोटा प्याज़, बारीक कटा हुआ
नमक स्वादानुसार
5 बड़े चम्मच कॉर्नफ्लोर
2 बड़े चम्मच मैदा
2 छोटे चम्मच दरदरी कुटी हुई सूखी लाल मिर्चें
$1/4$ छोटा चम्मच एम.एस.जी. (ऐच्छिक)
2 बड़े चम्मच ताज़ा हरा धनिया, बारीक कटा हुआ
$1/4$ छोटा चम्मच सफेद मिर्च पाउडर
1 छोटा चम्मच लाइट सोया सॉस
1 बड़ा चम्मच तेल + तलने के लिये

विधि

1) एक बड़े बाउल में गाजर, फूल-गोभी, हरी शिमला मिर्च, पत्तागोभी, फ्रेंच बीन्स, प्याज़ और नमक एक साथ मिला लें और दस-पंद्रह मिनट तक एक ओर रख दें.
2) सब्ज़ियों को हथेली से दबाकर अतिरिक्त पानी निकाल दें.
3) सब्ज़ियों में तीन बड़े चम्मच कॉर्नफ्लोर, मैदा, दरदरी कुटी लाल मिर्च, एम.एस.जी., हरा धनिया, सफेद मिर्च पाउडर और सोया सॉस डालकर अच्छी तरह से मिला लें.
4) इस मिश्रण के सोलह समान भाग कर लें और उनके गोले तैयार कर लें. प्रत्येक गोले को दो इंच लम्बी ऊँगली का आकार दें. दो बड़े चम्मच कॉर्नफ्लोर लें और इसमें इन फिंगर्स को लपेट लें.
5) कड़ाही में तेल गरम कर उसमें फिंगर्स सुनहरे और कुरकुरे होने तक तलें. निकाल कर तेल सोखनेवाले कागज़ पर रखें.
6) शेज़वान सॉस (पृष्ठ क्र. 93) के साथ गरमा-गरम परोसें.

पिकल्ड क्यूकम्बर

विनेगर के स्वाद वाला ककड़ी का यह चीनी अचार कई दिनों तक टिकता है।

सामग्री

4 छोटे आकार की ककड़ी
नमक स्वादानुसार
2 बड़े चम्मच व्हाइट विनेगर
2 छोटे चम्मच केस्टर शुगर
1 छोटा चम्मच तिल का तेल
1 ताज़ी लाल मिर्च, बीच से चिरी हुई

विधि

1) बिना छीले ककड़ी को धोकर बीच में से काटकर उसके दो टुकड़े कर लें. बीज निकाल दें और ककड़ी के पाव इंच के टुकड़े कर लें.
2) एक पेन में विनेगर, केस्टर शुगर और तिल का तेल गर्म करें. जब ये उबलने लगे तब आँच बंद कर उसमें ककड़ी के कटे हुए टुकड़े और नमक डाल दें और अच्छी तरह से मिला लें.
3) ताज़ी लाल मिर्च डालकर अच्छी तरह से ऊपर नीचे कर मिला लें.

क्रेकलिंग स्पिनच

तिल के स्वाद वाला पालक का यह व्यंजन चीन में बहुत लोकप्रिय है !

सामग्री

45 पालक के पत्ते
तेल तलने के लिये
1 बड़ा चम्मच तिल का तेल
1 छोटा चम्मच दरदरी कुटी हुई लाल मिर्चें
1 बड़ा चम्मच शक्कर
नमक स्वादानुसार
1 बड़ा चम्मच तिल, सेंके हुए

विधि

1) पालक को छांट कर धो लें. फिर इन्हें पोंछकर सुखा लें. उसे पतली लंबी पट्टियों में काट लें.
2) कड़ाही में तेल गरम करें. उसमें पालक को कुरकुरे होने तक तलें और फिर तेल सोखने वाले कागज़ पर रखें.
3) दूसरी कड़ाही में तिल का तेल गरम कर उसमें दरदरी लाल मिर्च डालें और तुरंत उसमें तला हुआ पालक डालें. उस पर नमक, शक्कर और सेंके हुए तिल छिड़क दें. ऊपर नीचे कर अच्छी तरह से मिला लें.

शेफ का सुझाव

पहले थोड़ा सा पालक डालकर तेल के तापमान को स्थिर कर लें, फिर बचा हुआ पालक उसमें डालें.

वेजिटेबल स्प्रिंग रोल्स

सब्ज़ियों से बने यह रोल्स बच्चों की पहली पसंद बन चुके हैं!

सामग्री

स्प्रिंग रोल रेपर (बाहरी आवरण)

$^1/_4$ कप मैदा

1 कप + 1 बड़ा चम्मच कॉर्नफ्लोर

नमक स्वादानुसार

तेल

भरावन

2 बड़े चम्मच तेल + तलने के लिये

1 मध्यम आकार का प्याज़, पतली फाँकें किया हुआ

2 मध्यम आकार की गाजर, कद्दूकस की हुई

1 मध्यम आकार की हरी शिमला मिर्च, पतली लम्बी पट्टियों में कटी हुई

$^1/_2$ छोटी पत्तागोभी, पतली लम्बी पट्टियों में कटी हुई

1 बड़ा चम्मच लाइट सोया सॉस

$^1/_4$ छोटा चम्मच सफेद मिर्च पाउडर

नमक स्वादानुसार

$^3/_4$ कप अंकुरित मूँग

2 हरे प्याज़, पतली फाँकें किये हुए

विधि

1) भरावन बनाने के लिए कड़ाही में दो बड़े चम्मच तेल गरम कर प्याज़ की पतली फाँकें और गाजर डालकर

आधे मिनट तक पकाएं. हरी शिमला मिर्च और पत्तागोभी डालकर एक मिनट तक भून लें. सोया सॉस, सफेद मिर्च पाउडर और नमक डालें.

2) उसमें अंकुरित मूँग, हरे प्याज़ की फाँकें और हरी पत्तियाँ डालकर आधे मिनट तक पकाएं. गैस पर से उतार लें और उस भरावन को ठंडा होने दें.
3) स्प्रिंग रोल रेपर्स बनाने के लिये एक बाउल में एक कप कॉर्नफ्लोर, मैदा और नमक लेकर अच्छी तरह से मिला लें. दो कप पानी डालकर अच्छी तरह फेंट लें. घोल को छानकर पंद्रह मिनट तक एक ओर रख दें. यदि पानी की आवश्यकता हो तो पानी मिला लें.
4) आठ इंच का एक नॉनस्टिक फ्राईंग पेन गरम करें. उस पर हलका सा तेल लगाकर एक बड़ा चम्मच घोल उस पर डालें. उसे घुमाकर पूरे पेन पर फैला लें और अतिरिक्त घोल वापस बाउल में डाल दें. मध्यम आँच पर उसे पकने दें. कुछ देर बाद जब घोल किनारे छोड़ने लगे तब रेपर को पेन से निकाल लें. उसे ठंडा कर उस पर थोड़ा सा कॉर्नफ्लोर छिडकें. इस तरह आठ दस रेपर्स बनायें.
5) एक बड़े चम्मच कॉर्नफ्लोर में दो बड़े चम्मच पानी डालकर पेस्ट बना लें.
6) भरावन के आठ से दस समान भाग कर लें. भरावन को रेपर्स के एक बाजू में रखकर कट्ठा रोल करें. रोल करते हुए किनारों को मोड़ लें और सिरों को कॉर्नफ्लोर की पेस्ट लगाकर चिपका लें.
7) कड़ाही में तेल गरम करें; एक बार में दो ही स्प्रिंग रोल तलें और पलटते रहें. स्प्रिंग रोल कुरकरे और सुनहरे भूरे होने तक तलें. निकालकर तेल सोखने वाले कागज़ पर रखें.
8) प्रत्येक स्प्रिंग रोल के चार टुकड़े करें और शेज़वान सॉस (पृष्ठ क्र. 93) के साथ परोसें.

सेसमि कॉर्न टोस्ट

आलू और मकई के दानों से बने यह टोस्ट शाम के नाश्ते के लिए उपयुक्त हैं।

सामग्री

$^1/_2$ कप सेंके हुए तिल

1 कप मकई के ताज़े दाने, बारीक पीसे हुए

3 मध्यम आकार के आलू

1 मध्यम आकार की हरी शिमला मिर्च, बारीक कटी हुई

1 मध्यम आकार का प्याज़, बारीक कटा हुआ

1 इंच अदरक, बारीक कटा हुआ

4-6 लहसुन की कलियाँ, बारीक कटी हुई

2-3 हरी मिर्चें, बीज निकालकर बारीक काटी हुई

2 बड़े चम्मच ताज़ा हरा धनिया बारीक कटा हुआ

$^1/_2$ बड़ा चम्मच सोया सॉस

$^1/_2$ कप कॉर्नफ्लोर

$^1/_2$ छोटा चम्मच सफेद मिर्च पाउडर

$^1/_4$ छोटा चम्मच एम.एस.जी. (ऐच्छिक)

नमक स्वादानुसार

8 ब्रेड स्लाइस

तेल तलने के लिये

विधि

1) आलू उबालें. ठंडे होने पर छिलके निकाल दें. एक बाउल में लेकर आलुओं को मसल लें.
2) उसमें मकई के दाने, हरी शिमला मिर्च, प्याज़, अदरक, लहसुन, हरी मिर्चें, हरा धनिया, सोया सॉस, दो बड़े चम्मच कॉर्नफ्लोर, सफेद मिर्च पाउडर, एम.एस.जी. और नमक डालकर मिला लें.
3) आधे कप पानी में बचा हुआ कॉर्नफ्लोर मिला लें. ब्रेड स्लाइस को गोल कटर की सहायता से एक इंच के गोल टुकड़ों में काट लें.
4) ब्रेड के टुकड़ों पर कॉर्नफ्लोर का घोल लगा लें, उस पर मकई के मिश्रण की मोटी परत लगाएं और गीले हाथों से उसे समतल कर लें.
5) उस पर तिल छिड़ककर हल्के हाथ से दबाएं. झटककर अतिरिक्त तिल अलग कर लें और पंद्रह मिनट तक उसे फ्रिज में रखें.
6) कड़ाही में तेल गरम करें. उसमें उन गोलों को दो से तीन मिनट तक या कुरकुरे और सुनहरे भूरे होने तक तलें. बीच-बीच में उन्हें पलटते रहें.
7) तेल सोखने वाले कागज़ पर निकाल लें. अपनी पसंद के सॉस के साथ गरमा-गरम परोसें.

शेज़वान चिली पटेटोस

इन तीखे, चटपटे आलुओं का स्वाद आप भुला नही पाएंगे।

सामग्री

4-5 मध्यम आकार के आलू
3 बड़े चम्मच कॉर्नफ्लोर
2 बड़े चम्मच तेल + तलने के लिये
4-5 सूखी लाल मिर्चें, छोटे टुकड़े किये हुए
8-10 शेज़वान पेपर, (ऐच्छिक) कुटे हुए
1 मध्यम आकार का प्याज़, फाँकें किया हुआ
5-6 लहसुन की कलियाँ, बारीक कटी हुई
1 छोटा चम्मच लाल मिर्च पेस्ट
1 छोटा चम्मच लाइट सोया सॉस
$^1/_2$ छोटा चम्मच शक्कर
नमक स्वादानुसार
1 बड़ा चम्मच ब्राउन विनेगर
1 हरे प्याज़ की पत्तियाँ, मोटी कटी हुई

(चित्र पृष्ठ क्र 40 पर देखे)

विधि

1) आलुओं को छीलकर उसके दस-बारह लम्बे टुकड़े कर लें. इन टुकड़ों को आधे घंटे तक ठंडे पानी में डुबोकर रखें. एक बर्तन में पानी गरम कर उसमें आलू के टुकड़े डालकर उन्हें आधे पका लें. आलू निकालकर ठंडे कर लें.
2) डेढ़ बड़े चम्मच कॉर्नफ्लोर लेकर उसमें आलू के टुकड़े लपेट लें.
3) कड़ाही में तेल गरम कर उसमें आलू को दो मिनट तक या सुनहरे भूरे होने तक तलें. निकालकर तेल सोखनेवाले कागज़ पर रखें. बचे हुए कॉर्नफ्लोर में पाव कप पानी डालकर उसे घोल लें.
4) कड़ाही में दो बड़े चम्मच तेल गरम करें; उसमें लाल मिर्च डालकर आधे मिनट तक भूनें. शेज़वान पेपर, प्याज़ और लहसुन डालकर भूनना जारी रखें.
5) लाल मिर्च पेस्ट, सोया सॉस, शक्कर और नमक को दो बड़े चम्मच पानी में घोल लें. अब इस मिश्रण को कड़ाही में डालकर आधे मिनट तक चलाकर भूनें.
6) तले हुए आलू डालकर अच्छी तरह गरम होने तक चलाते रहें.
7) कॉर्नफ्लोर का घोल डालकर अच्छी तरह से ऊपर-नीचे उछालकर मिला लें. विनेगर डालकर आधे मिनट तक भूनें. हरे प्याज़ की पत्तियों से सजाकर तुरंत परोसें.

क्रिस्पी वॉनटॉन्स

सब्ज़ियों का मसाला भरकर बनाया गया यह व्यंजन बहुत लोकप्रिय है।

सामग्री

24 वॉनटॉन रेपर्स (पृष्ठ क्र. 38)

2 बड़े चम्मच तेल + तलने के लिये

4-6 लहसुन की कलियाँ, बारीक कटी हुई

2 हरे प्याज़, बारीक कटे हुए

2 मध्यम आकार की हरी शिमला मिर्च, बारीक कटी हुई

8-10 फ्रेंच बीन्स, बारीक कटी हुई

2 मध्यम आकार की गाजर, बारीक कटी हुई

½ छोटी पत्तागोभी, बारीक कटी हुई

½ छोटा चम्मच सफेद मिर्च पाउडर

नमक स्वादानुसार

¼ छोटा चम्मच एम.एस.जी. (ऐच्छिक)

1 छोटा चम्मच लाइट सोया सॉस

विधि

1) एक कड़ाही या पेन में दो बड़े चम्मच तेल गरम करें. उसमें लहसुन डालकर आधे मिनट तक भूनें. हरा प्याज़, हरी शिमला मिर्च, फ्रेंच बीन्स, गाजर और पत्तागोभी डालकर और दो मिनट तक चलाते हुए और ऊपर-नीचे उछालते हुए भूनें.
2) सफेद मिर्च पाउडर, नमक, एम.एस.जी. और सोया सॉस डालकर आधे मिनट तक पकायें. पेन को आँच पर से निकाल लें और सब्ज़ियों के भरावन को ठंडा होने दें.
3) इस भरावन को चौबीस समान भागों में बाँट लें. प्रत्येक वॉनटॉन रेपर के बीच में भरावन के एक हिस्से को रखें, किनारों को हल्का सा पानी लगाकर गीला करें, बीच से तिरछा मोड़ लें, किनारों को मोड़कर दबायें ताकी ये चिपक जायें.
4) कड़ाही में तेल गरम कर उसमें वॉनटॉन्स को दो से तीन मिनट या कुरकुरा और सुनहरा भूरा होने तक तलें. निकालकर तेल सोखने वाले कागज़ पर रखें.
5) शेज़वान सॉस (पृष्ठ क्र. 94) के साथ गरमा-गरम परोसें.

शेफ का सुझाव

वॉनटॉन रेपर्स बनाने के लिए 2 कप मैदे में 1/2 कप गरम पानी डालकर गूँध लें. तैयार आटे का 1 मी.मी. मोटा बड़ा चौकोर बेल लें. अब इसके 3 इंच के चौकोर काट लें और आवश्यकतानुसार उपयोग करें.

केन्टोनीज़ वेजिटेबल्स

चायनीज़ सब्ज़ियों से बनी यह कम तीखी सब्ज़ी एक अच्छा सरप्राइज़ हो सकती है!

सामग्री

10-12 बेबी कॉर्न, तिरछी फाँके किये हुए
16-20 फ्रेंच बीन्स, तिरछी फाँके किये हुए
2 बड़ी गाजर, फाँकें की हुई
2 छोटी ज़्युकिनी, फाँकें की हुई
2 बड़ी हरी शिमला मिर्च, एक इंच के टुकड़े किये हुए
2 स्लाइस डिब्बा बंद बेम्बू शूट
8 बड़े चम्मच कॉर्नफ्लोर
4 बड़े चम्मच तेल + तलने के लिये
3 एक इंच अदरक के टुकड़े, पतले काटे हुए
2 सेलरी डंठल, पतली फाँकें किये हुए
4 हरे प्याज़, पतली फाँकें किये हुए
1 बड़ा चम्मच लाइट सोया सॉस
$^1/_4$ छोटा चम्मच एम.एस.जी. (ऐच्छिक)
$^3/_4$ छोटा चम्मच सफेद मिर्च पाउडर
$^3/_4$ छोटा चम्मच शक्कर
नमक स्वादानुसार
$^1/_2$ कप व्हाइट वाइन (ऐच्छिक)
$1^1/_2$ कप वेजिटेबल स्टॉक (पृष्ठ क्र. 93)

विधि

1) एक बर्तन में छः चम्मच कॉर्नफ्लोर लेकर उसमें सारी सब्ज़ियाँ डालें और उछालकर मिला लें. एक कड़ाही में तेल को धुआँ उठने तक गर्म करें. उसमें सारी सब्ज़ियाँ डालकर रंग बदलने से पहले ही (लगभग तुरंत) निकाल कर तेल सोखने वाले कागज़ पर रखें. बचे हुए कॉर्नफ्लोर में दो बड़े चम्मच पानी डालकर मिला लें.
2) एक कप गरम पानी में बेम्बू शूट को दस मिनट तक उबालें. निकालकर उसकी फाँकें कर लें.
3) कड़ाही या पेन में चार बड़े चम्मच तेल गरम करें; उसमें अदरक, सेलरी और हरे प्याज़ डालकर कुछ सेकन्ड तक चलाये. उसमें बेम्बू शूट्स डालकर आधे मिनट तक भूनें.
4) सोया सॉस, एम.एस.जी., सफेद मिर्च पाउडर, शक्कर, नमक, व्हाइट वाइन और स्टॉक डालकर अच्छी तरह से मिला लें. एक उबाल आने दें. आँच धीमी कर तीन से चार मिनट तक उबलने दें. कॉर्नफ्लोर का घोल डालकर सॉस गाढ़ा होने तक पकायें.
5) उसमें फ्राइड वेजिटेबल्स डालकर एक मिनट तक उबालना जारी रखें. धीरे-धीरे चलायें.
6) गरमा-गरम परोसें.

टोफू इन हॉट गार्लिक सॉस

लहसुन के स्वाद वाला यह व्यंजन तीखा, चटपटा और ज़ायकेदार है!

सामग्री

400 ग्राम टोफू, 1 इंच के चौकोर टुकड़े किये हुए
3 बड़े चम्मच तेल + तलने के लिये तेल
1 मध्यम आकार का प्याज़
2 बड़े चम्मच कॉर्नफ्लोर
2-3 सूखी लाल मिर्चें, बीच में से तोड़ी हुई
20 लहसुन की कलियाँ, कटी हुई
4 बड़े चम्मच टोमैटो सॉस
1 बड़ा चम्मच व्हाइट विनेगर
2 बड़े चम्मच लाल मिर्च पेस्ट
1 बड़ा चम्मच हॉट ब्लैक बीन पेस्ट
1 छोटा चम्मच शक्कर

नमक स्वादानुसार
1 कप वेजिटेबल स्टॉक (पृष्ठ क्र. 93)
$^1/_2$ मध्यम आकार की हरी शिमला मिर्च, $^1/_2$ इंच के शकरपारे के आकार के टुकड़े किये हुए
$^1/_2$ मध्यम आकार की लाल या पीली शिमला मिर्च, $^1/_2$ इंच के शकरपारे के आकार के टुकड़े किये हुए
1 हरा प्याज़, पतली फाँकें की हुई
1 बड़ा चम्मच तिल का तेल
1 बड़ा चम्मच मोटी कुटी हुई लाल मिर्च

विधि

1) कड़ाही में तेल गरम कर टोफू को दो से तीन मिनट तक तल लें. निकालकर तेल सोखने वाले कागज़ पर रखें.
2) प्याज़ के चार टुकड़े कर प्रत्येक परत को अलग-अलग कर लें. कॉर्नफ्लोर को एक कप पानी में घोल लें.
3) कड़ाही में तीन बड़े चम्मच तेल गरम करें; लाल मिर्चें और लहसुन डालकर आधे मिनट तक भूनें.
4) उसमें टोमैटो सॉस, व्हाइट विनेगर, लाल मिर्च पेस्ट, ब्लैक बीन पेस्ट, शक्कर और नमक डालकर मिलायें. वेजिटेबल स्टॉक डालकर तेज आँच पर एक मिनट तक पकाना जारी रखें.
5) हरी और लाल शिमला मिर्च, प्याज़ और हरे प्याज़ डालकर और दो मिनट तक पकायें. कॉर्नफ्लोर का मिश्रण डालकर चलायें और सॉस को गाढ़ा होने तक पकायें.
6) तले हुए टोफू उसमें डालकर अच्छी तरह ऊपर-नीचे उछाल लें ताकी सॉस उस पर अच्छी तरह लग जाए.
7) ऊपर से तिल के तेल की धार डालें और कुटी हुई लाल मिर्च छिड़ककर गरमा-गरम परोसें.

शेज़वान वेजिटेबल्स

चीन के शेज़वान प्रांत का यह व्यंजन अब भारतीयों का पसंदीदा बन गया है।

सामग्री

$^1/_2$ मध्यम आकार की ब्रोकोली, छोटे फूल तोड़े हुए
8-9 स्नो पीज़, दो टुकड़े किये हुए
4-5 ताज़े बटन मशरूम, फाँकें की हुई
1 मध्यम आकार की लाल शिमला मिर्च, 1 इंच के टुकड़े किये हुए
1 मध्यम आकार की पीली शिमला मिर्च, 1 इंच के टुकड़े किये हुए
1 मध्यम आकार की हरी शिमला मिर्च, 1 इंच के टुकड़े किये हुए
3 बड़े चम्मच तेल
4-5 लहसुन की कलियाँ, मसली हुई
2 हरे प्याज़, कटे हुए
1 डंठल सेलरी, बारीक कटी हुई
1$^1/_2$ बड़े चम्मच लाल मिर्च पेस्ट
8-10 शेज़वान पेपर (ऐच्छिक)
1 छोटा चम्मच शक्कर
नमक स्वादानुसार
$^1/_4$ छोटा चम्मच एम.एस.जी. (ऐच्छिक)
2 कप वेजिटेबल स्टॉक (पृष्ठ क्र. 93)
3 बड़े चम्मच कॉर्नफ्लोर
1 बड़ा चम्मच व्हाइट विनेगर

विधि

1) पेन या कड़ाही में तेल गरम करें; लहसुन, हरा प्याज़ और सेलरी डालकर एक मिनट तक चलाते हुए भूनें. लाल मिर्च पेस्ट, शेज़वान पेपर, शक्कर, नमक और एम.एस.जी. डालें. आधा कप वेजिटेबल स्टॉक मिलाकर एक मिनट तक पकायें.
2) ब्रोकोली के फूल, स्नो पीज़, मशरूम, लाल, पीली और हरी शिमला मिर्च डालकर दो मिनट तक चलायें. बचा हुआ वेजिटेबल स्टॉक डालकर तेज आँच पर दो मिनट तक चलाते हुए पकायें.
3) एक कप पानी में कॉर्नफ्लोर घोलकर उसे इसमें मिलायें. मध्यम आँच पर एक मिनट या सॉस गाढ़ा होने तक पकायें. बीच-बीच में हिलाते रहें.
4) व्हाइट विनेगर डालकर अच्छी तरह से मिला लें. गरमा-गरम परोसें.

एट-ज्वेल वेजिटेबल्स

चायनीज़ मसालों व सॉसेस में बनी यह सब्ज़ी आपको ज़रूर पसंद आएगी।

सामग्री

$1/4$ छोटी ब्रोकोली, छोटे फूल तोड़े हुए
1 छोटी गाजर, $1/2$ इंच के चौकोर टुकड़े किये हुए
1 छोटी लाल शिमला मिर्च, $1/2$ इंच के टुकड़ों में कटी हुई
1 छोटी पीली शिमला मिर्च, $1/2$ इंच के टुकड़ों में कटी हुई
1 छोटी हरी शिमला मिर्च, $1/2$ इंच के टुकड़ों में कटी हुई
1 छोटी ज़्युकिनी, $1/2$ इंच के टुकड़ों में कटी हुई
5-6 ताज़े बटन मशरूम, बीच में से काटे हुए
3 बड़े चम्मच तेल
10-12 काजू
नमक स्वादानुसार
3 हरे प्याज़, पतली फाँकें की हुई
3-4 लहसुन की कलियाँ, बारीक कटी हुई
1 इंच अदरक, कटा हुआ
2 ताज़ी लाल मिर्चें, पतली फाँक की हुई
1 बड़ा चम्मच ब्लैक बीन सॉस
2 छोटे चम्मच राइस वाइन (ऐच्छिक)
1 बड़ा चम्मच डार्क सोया सॉस
1 छोटा चम्मच ब्राउन शुगर
$1/4$ छोटा चम्मच एम.एस.जी. (ऐच्छिक)
2 छोटे चम्मच कॉर्नफ्लोर
1 छोटा चम्मच तिल का तेल

विधि

1) गाजर और ब्रोकोली को अलग-अलग उबलते पानी में डालकर कुछ मिनट रहने दें. पानी निकाल कर उसमें ठंडा पानी डालें. फिर गाजर और ब्रोकोली को निकाल कर अलग रख दें.
2) पेन में एक बड़ा चम्मच तेल गरम करें और उसमें काजू को हल्का सुनहरा होने तक तलें. निकालकर तेल सोखने वाले कागज़ पर रखें.
3) एक कड़ाही में दो बड़े चम्मच तेल धुआँ उठने तक गरम करें. उसमें हरा प्याज़, लहसुन और अदरक डालकर मध्यम आँच पर आधे मिनट तक भून लें.
4) उसमें लाल मिर्च, लाल, पीली, हरी शिमला मिर्च, ज़्युकिनी और बटन मशरूम डालकर दो मिनट तक चलाते हुए भूनें.
5) अब उसमें ब्रोकोली, गाजर, ब्लैक बीन सॉस, राइस वाइन, सोया सॉस, ब्राउन शुगर, एम.एस.जी. और दो बड़े चम्मच पानी डालकर दो मिनट तक चलायें. चार बड़े चम्मच पानी में कॉर्नफ्लोर मिलाकर उसमें डालें और चलायें.
6) तले हुए काजू और तिल का तेल डालें. चखकर नमक स्वादानुसार कर लें. ऊपर-नीचे उछालकर अच्छी तरह से मिला लें. गरमा-गरम परोसें.

मिक्स्ड वेजिटेबल मन्चुरियन

यह चटपटा चायनीज़ व्यंजन सबका चहेता बन चुका है।

सामग्री

1 मध्यम आकार की पत्तागोभी, कद्दूकस की हुई
1 मध्यम आकार की गाजर, कद्दूकस की हुई
8-10 फ्रेंच बीन्स, बारीक कटी हुई
नमक स्वादानुसार
3 मध्यम आकार के हरे प्याज़, बारीक कटे हुए
1 मध्यम आकार की हरी शिमला मिर्च, बारीक कटी हुई
$^1/_4$ कप मैदा
$^1/_4$ कप कॉर्नफ्लोर
तेल, तलने के लिये

सॉस

2 बड़े चम्मच तेल
1 इंच अदरक, बारीक कटा हुआ
4-6 लहसुन की कलियाँ, बारीक कटी हुई
2 इंच सेलरी के डंठल, बारीक कटे हुए
3 हरी मिर्चें, बारीक कटी हुई
2 बड़े चम्मच लाइट सोया सॉस
1 छोटा चम्मच शक्कर
$^1/_4$ छोटा चम्मच एम.एस.जी. (ऐच्छिक)
नमक स्वादानुसार
$2^1/_2$ कप वेजिटेबल स्टॉक (पृष्ठ क्र. 93)
3 बड़े चम्मच कॉर्नफ्लोर
1 बड़ा चम्मच व्हाइट विनेगर

विधि

1) एक बाउल में पत्तागोभी, गाजर और फ्रेंच बीन्स लेकर उसमें एक छोटा चम्मच नमक डालकर अच्छी तरह मिला लें. उसमें हरा प्याज़ (थोड़ा सा सजाने के लिए रखें) शिमला मिर्च, मैदा और पाव कप कॉर्नफ्लोर डालकर सारी सामग्री अच्छी तरह से मिला लें और नींबू के आकार के गोले बना लें.
2) एक कड़ाही में पर्याप्त मात्रा में तेल गरम करें. मध्यम आँच पर थोड़े-थोड़े करके ये गोले तीन चार मिनट तक या सुनहरे भूरे होने तक तल लें. निकालकर तेल सोखने वाले कागज़ पर रखें.
3) कड़ाही में दो बड़े चम्मच तेल गरम करें. उसमें अदरक और लहसुन को एक मिनट तक भूनें. सेलरी और हरी मिर्चें डालकर और एक मिनट तक चलाइये. सोया सॉस, शक्कर, एम.एस.जी. और नमक डालिये. वेजिटेबल स्टॉक डालकर चलाएं और एक उबाल आने दें.
4) एक कप पानी में तीन बड़े चम्मच कॉर्नफ्लोर मिलाकर उसे गर्म स्टॉक में डालिये और चलाते हुए दो मिनट तक या सॉस गाढ़ा होने तक पकाएं.
5) उन तले हुए सब्ज़ियों के गोलों को उसमें डालिये और सिरका डालकर धीरे-धीरे मिला लीजिए. हरे प्याज़ की पत्तियों से सजाकर गरमा-गरम परोसें.

सिज़लिंग टोफू विद असॉरटेड वेजिटेबल्स

टोफू और सब्ज़ियों से बना यह व्यंजन गरमा-गरम ही परोसा जाता है।

सामग्री

200 ग्राम टोफू
6 फ्रेंच बीन्स, एक इंच के टुकड़े किये हुए
1 मध्यम आकार की गाजर,
  1 इंच के टुकड़े किये हुए
½ मध्यम आकार की पत्तागोभी,
  1 इंच के टुकड़े किये हुए
1 मध्यम आकार की हरी शिमला मिर्च,
  1 इंच के टुकड़े किये हुए
नमक स्वादानुसार
एक चुटकी पाँच मसाला पाउडर
2 बड़े चम्मच शक्कर
2 छोटे चम्मच लहसुन पेस्ट
1 छोटा चम्मच अदरक पेस्ट
2 बड़े चम्मच तेल + भूनने (शेलो फ्राय) के लिये
2 मध्यम आकार के प्याज़, फाँकें किये हुए
2 बड़े चम्मच रेड चिली सॉस
¼ छोटा चम्मच सफेद मिर्च पाउडर
एक चुटकी एम.एस.जी. (ऐच्छिक)
1 बड़ा चम्मच कॉर्नफ्लोर
1 बड़ा चम्मच व्हाइट विनेगर

विधि

1) टोफू के डेढ़ इंच के मोटे त्रिकोणी टुकड़े काट लें.
2) एक उथली तश्तरी में नमक, पाँच मसाला पाउडर, शक्कर, लहसुन पेस्ट, अदरक पेस्ट और दो बड़े चम्मच पानी मिला लें. टोफू के टुकड़ों को उसमें डालकर अच्छी तरह मिलाएं और एक घंटे तक मेरिनेट होने दें, सम्भवत: फ्रिज में रखें.
3) सिज़लर प्लेट को गरम करें. पेन में तेल गरम कर मेरिनेट टोफू को दो या तीन मिनट तक सुनहरा भूरा होने तक भून लें. तेल सोखने वाले कागज़ पर रखें.
4) कड़ाही में दो बड़े चम्मच तेल गरम करें. प्याज़, फ्रेंच बीन्स और गाजर डालकर भून लें. उसमें पत्तागोभी, हरी शिमला मिर्च, नमक और रेड चिली सॉस डालकर अच्छी तरह मिला लें.
5) पाव कप पानी में कॉर्नफ्लोर मिलाकर सब्जियों में डाल दें. एक मिनट तक पकने दें.
6) सिज़लर प्लेट को उसके लकड़ी के तख्ते पर रखें. उस पर तले हुए टोफू रखें. उस पर सब्ज़ियाँ और व्हाइट विनेगर छिड़ककर तुरंत परोसें.

शेफ का सुझाव

यदि आपके पास सिज़लर प्लेट नहीं हो तो आप उसे एक कटोरे में रखकर ऊपर गरम भूनी हुई सब्ज़ियाँ रखकर परोस सकते हैं.

मिक्स्ड वेजिटेबल्स इन ब्लैक पेपर

काली मिर्च में बनायी हुई यह मिक्स्ड वेजिटेबल वाकई लाजवाब है।

सामग्री

½ छोटी ब्रोकोली, छोटे फूल तोड़े हुए
1 मध्यम आकार की गाजर, पतली फाँकें की हुई
1 मध्यम आकार की लाल शिमला मिर्च, लम्बी पट्टियों में कटी हुई
1 मध्यम आकार की हरी शिमला मिर्च, लम्बी पट्टियों में कटी हुई
10-12 स्नो पीज़, दो टुकड़े किये हुए
6 ताज़े बटन मशरूम, चार टुकड़े किये हुए
2 बड़े चम्मच तेल
2-3 लहसुन की कलियाँ, मसली हुई
8-10 काली मिर्चें, कुटी हुई
2 छोटे चम्मच लाइट सोया सॉस
नमक स्वादानुसार
¼ छोटा चम्मच एम.एस.जी. (ऐच्छिक)
½ छोटा चम्मच शक्कर
2 बड़े चम्मच कॉर्नफ्लोर

विधि

1) पानी में नमक डालकर उबालें और इस उबलते पानी में ब्रोकोली और गाजर को डालें और एक मिनट तक रहने दें. पानी निकाल दें फिर उसमें ठंडा पानी डालें. ब्रोकोली और गाजर को निकालकर अलग रख दें.
2) कड़ाही में तेल गर्म करें; लहसुन डालकर एक मिनट तक भूनें.
3) ब्रोकोली और गाजर डालकर दो मिनट तक चलायें. लाल और हरी शिमला मिर्च, स्नो पीज़ और मशरूम डालकर दो मिनट तक चलाते रहें.
4) काली मिर्चें, सोया सॉस, नमक, एम.एस.जी. और शक्कर डालकर तेज आँच पर दो मिनट तक पकायें. ऊपर-नीचे उछालते रहें.
5) डेढ़ कप पानी में कॉर्नफ्लोर घोलकर उसे कड़ाही में डालें. चलाते हुए एक मिनट तक या सॉस गाढ़ा होने तक पकायें.
6) गरमा-गरम परोसें.

स्वीट एन्ड सॉर वेजिटेबल

शिमला मिर्च, मशरूम और बेबी कॉर्न से बनी यह खट्टी मीठी सब्ज़ी बच्चों को बेहद पसंद आएगी।

सामग्री

8-10 फ्रेंच बीन, एक-एक इंच के टुकड़े किये हुए
$^1/_2$ मध्यम आकार की ब्रोकोली, छोटे फूल तोड़े हुए
1 मध्यम आकार की गाजर, तिरछी फाँकें की हुई
6-8 बेबी कॉर्न, $^1/_2$ इंच के पतले तिरछे टुकड़े किये हुए
2 मध्यम आकार के प्याज
1 मध्यम आकार की हरी शिमला मिर्च, 1 इंच के चौकोर टुकड़े किये हुए
6 ताज़े बटन मशरूम, चर टुकड़े किये हुए
2 फाँकें डिब्बा बंद पाइनएप्पल, $^1/_2$ इंच के चौकोर टुकड़े किये हुए

3 बड़े चम्मच टोमैटो केचअप
2 बड़े चम्मच शक्कर
$^1/_4$ छोटा चम्मच एम.एस.जी. (ऐच्छिक)
$^1/_2$ छोटा चम्मच सफेद मिर्च पाउडर
नमक स्वादानुसार
$1^1/_2$ कप वेजिटेबल स्टॉक (पृष्ठ क्र. 93)
3 बड़े चम्मच कॉर्नफ्लोर
2 बड़े चम्मच तेल
$^1/_2$ इंच अदरक, कटा हुआ
2-3 लहसुन की कलियाँ, कटी हुई
3 बड़े चम्मच व्हाइट विनेगर

विधि

1) उबलते पानी में फ्रेंच बीन्स, ब्रोकोली, गाजर और बेबी कॉर्न को अलग-अलग दो मिनट तक ब्लांच कर लें. पानी निकाल कर ठंडा पानी डालें. प्याज़ के चार टुकड़े कर उसकी परतों को अलग कर लें.
2) टोमैटो केचअप, शक्कर, एम.एस.जी., सफेद मिर्च पाउडर और नमक को एक कप वेजिटेबल स्टॉक में मिलाकर फेंट लीजिये. कॉर्नफ्लोर को एक कप पानी में मिलाकर एक ओर रख दीजिये.
3) कड़ाही में दो बड़े चम्मच तेल गरम करें. उसमें अदरक और लहसुन डालकर एक मिनट तक भूनें. प्याज़ डालकर और एक मिनट तक भूनें. हरी शिमला मिर्च और मशरूम डालकर दो मिनट तक भूनें. उसमें ब्लांच किये हुए फ्रेंच बीन्स, ब्रोकोली, गाजर और बेबी कॉर्न डालकर और एक मिनट तक भूनें.
4) सॉस और मसाला मिश्रण डालकर चलायें. बचा हुआ वेजिटेबल स्टॉक और कॉर्नफ्लोर का घोल उसमें मिलाकर धीमी आँच पर दो से तीन मिनट तक या सॉस गाढ़ा होने तक चलाना जारी रखें.
5) पाइनएप्पल के टुकड़े डालकर एक मिनट और पकाएं. सिरका डालकर चलाएं और गरमा-गरम परोसें.

सॉफ्ट नूडल्स

बनाने में आसान यह सॉफ्ट नूडल्स बच्चों के लिए एक अच्छा नाश्ता है!

सामग्री

200 ग्राम एगलेस नूडल्स
नमक स्वादानुसार
3 बड़े चम्मच तेल
3 हरे प्याज़, पतली फाँकें की हुई
2 एक इंच ताज़ा अदरक के टुकड़े, पतले लम्बे कटे हुए
1 छोटा चम्मच लाइट सोया सॉस
7-8 काली मिर्चें, ताज़ी कुटी हुई
2 हरे प्याज़ की पत्तियाँ, फाँकें की हुई

विधि

1) नमक मिले हुए पानी में एक बड़ा चम्मच तेल डालकर उसमें नूडल्स नरम होने तक उबालें. नूडल्स का पानी निकाल कर ठंडा पानी डालें. फिर नूडल्स निकाल कर एक प्लेट में ठंडे होने के लिये फैलाकर रखें.
2) कड़ाही में बाकी का तेल गरम करें. उसमें हरे प्याज़ डालकर चलाते हुए आधे मिनट तक भूनें. अदरक डालकर और आधे मिनट तक भूनें. उबले हुए नूडल्स और सोया सॉस डालकर धीरे-धीरे चलायें ताकि नूडल्स अलग-अलग हो जायें.
3) नमक और काली मिर्च डालकर अच्छी तरह मिला लें. प्याज़ की हरी पत्तियों से सजाकर गरमा-गरम परोसें.

क्रिस्प नूडल्स विद स्टर-फ्राइड वेजिटेबल्स

कुरकुरे नूडल्स और फ्राइड सब्जियों से बनी यह अनूठी डिश आपको ज़रूर पसंद आएगी।

सामग्री

200 ग्राम एगलेस नूडल्स

2 मध्यम आकार की गाजर, शकरपारे के आकार के $1/2$ इंच के टुकड़े किये हुए

2 मध्यम आकार की हरी शिमला मिर्चें, शकरपारे के आकार के $1/2$ इंच के टुकड़े किये हुए

$1/2$ छोटी ब्रोकोली, छोटे फूल अलग किये हुए

6 बेबी कॉर्न, तिरछी फाँकें की हुई

नमक स्वादानुसार

2 बड़े चम्मच तेल + तलने के लिये

2-3 लहसुन की कलियाँ, बारीक कटी हुई

1 इंच अदरक, बारीक कटा हुआ

1 मध्यम आकार का प्याज़, फाँकें किया हुआ

1 सेलरी डंठल, बारीक कटा हुआ

1 ताज़ी लाल मिर्च, तिरछी फाँकें की हुई

1 बड़ा चम्मच डार्क सोया सॉस

$1/2$ छोटा चम्मच सफेद मिर्च पाउडर

$1/2$ छोटा चम्मच एम.एस.जी. (ऐच्छिक)

$2\,1/4$ कप वेजिटेबल स्टॉक (पृष्ठ क्र. 93)

2 बड़े चम्मच कॉर्नफ्लोर

$1/4$ कप अंकुरित बीन्स

विधि

1) छः से आठ कप पानी में नमक और एक बड़ा चम्मच तेल डालकर नूडल्स डालें व लगभग पकने तक उबालें. पानी निकाल दें और फिर उसमें ठंडा पानी डालें. फिर निकाल कर एक बड़ी प्लेट में नूडल्स को फैलाकर ठंडा कर लें.
2) कड़ाही में तेल गरम कर नूडल्स को कुरकुरा और सुनहरा भूरा होने तक तलें. निकाल कर तेल सोखने वाले कागज़ पर रखें.
3) एक कड़ाही में दो बड़े चम्मच तेल गरम करें; अदरक, लहसुन डालकर मध्यम आँच पर आधे मिनट तक भूनें. उसमें प्याज, सेलरी और लाल मिर्च डालकर और एक मिनट तक भूनें.
4) गाजर, शिमला मिर्च, ब्रोकोली और बेबी कॉर्न डालें; तेज आँच पर दो से तीन मिनट तक लगातार चलाते हुए ऊपर-नीचे उछालकर भूनें.
5) उसमें सोया सॉस, सफेद मिर्च पाउडर, एम.एस.जी. और नमक डालकर एक मिनट तक भूनें. वेजिटेबल स्टॉक डालकर चलायें और एक उबाल आने दें.
6) कॉर्नफ्लोर को तीन बड़े चम्मच पानी में मिलाकर भूनी हुई सब्ज़ियों में डालें. दो से तीन मिनट तक उबलने दें, सॉस गाढ़ा और पारदर्शी होने तक चलाते रहें. उसमें अंकुरित बीन्स मिलायें और अच्छी तरह ऊपर-नीचे उछालकर मिला लें. एक सर्विंग प्लेट या बड़े बाउल में नूडल्स को रखकर उस पर सब्ज़ियाँ सजाकर तुरंत परोसें.

पेन-फ्राइड नूडल्स

पेन में बने कुरकुरे नूडल्स और उस पर ढ़ेर सारी चटपटी सब्जी, मजा आ गया!

सामग्री

200 ग्राम एगलेस नूडल्स
नमक स्वादानुसार
4 बड़े चम्मच तेल + तलने के लिये
1 इंच अदरक, कटा हुआ
6-8 लहसुन की कलियाँ, कटी हुई
2 हरे प्याज़, फाँकें की हुई
4-6 ताज़े बटन मशरूम, फाँकें की हुई
100 ग्राम पालक, लंबी पट्टियों में कटा हुआ
1 मध्यम आकार की हरी शिमला मिर्च, 1/2 इंच के टुकड़े किये हुए
1/2 मध्यम आकार की लाल शिमला मिर्च, 1/2 इंच के टुकड़े किये हुए
1/4 छोटी पत्तागोभी, लंबी पट्टियों में कटी हुई
1/2 छोटा चम्मच सफेद मिर्च पाउडर
1/4 छोटा चम्मच एम.एस.जी. (ऐच्छिक)
1 बड़ा चम्मच लाइट सोया सॉस
4-5 काली मिर्चें, कुटी हुई
1 1/2 कप वेजिटेबल स्टॉक (पृष्ठ क्र. 93)
2 बड़े चम्मच कॉर्नफ्लोर
2 कप अंकुरित बीन्स
1 छोटा चम्मच व्हाइट विनेगर

विधि

1) छः से आठ कप पानी में नमक और एक बड़ा चम्मच तेल डालकर नूडल्स डालें व लगभग पकने तक उबालें. पानी निकाल कर उसमें ठंडा पानी डालें. नूडल्स निकाल कर एक प्लेट में फैलाकर ठंडे कर लें.
2) एक फ्राईंग पेन में तेल गरम कर उसमें धीरे-धीरे नूडल्स रखें. बड़े चम्मच के पिछले भाग से दबायें और धीरे-धीरे नूडल्स को पेन के आकार में जमा लें. मध्यम आँच पर कुरकुरा होने तक नूडल्स को तलें. निकाल कर तेल सोखने वाले कागज़ पर रखें. नूडल्स को गर्म ही रखें.
3) एक कड़ाही में तीन बड़े चम्मच तेल गरम करें; अदरक डालकर भूरा होने तक भूनें. लहसुन डालकर एक मिनट तक भूनें.
4) हरे प्याज़, मशरूम और पालक डालकर दो मिनट तक भूनें. हरी शिमला मिर्च, लाल शिमला मिर्च और पत्तागोभी डालकर अच्छी तरह चलायें. नमक, सफेद मिर्च पाउडर, एम.एस.जी., सोया सॉस और काली मिर्च तथा वेजिटेबल स्टॉक डालें.
5) दो बड़े चम्मच पानी में कॉर्नफ्लोर को अच्छी तरह घोल लें. उसे कड़ाही में डालकर सॉस को गाढ़ा होकर बुलबुले उठने तक पकायें. अंकुरित बीन्स डालकर सिरका डालें और अच्छी तरह से मिलाएं. चखकर मसाले स्वादानुसार कर लें.
6) नूडल्स को प्लेट में रखें, उस पर भाप निकलती हुई गरमा-गरम सब्ज़ियाँ रखें और तुरंत परोसें.

हाका-स्टाइल राइस नूडल्स

हाका स्टाइल में बने यह राइस नूडल्स बच्चों को बेहद पसंद आते हैं।

सामग्री

150 ग्राम राइस नूडल्स
नमक स्वादानुसार
4 बड़े चम्मच तेल
1 मध्यम आकार का प्याज़, फाँकें किया हुआ
1 छोटी गाजर, पतले लम्बे टुकड़े की हुई
1 मध्यम आकार की हरी शिमला मिर्च, पतले-लम्बे टुकड़े किये हुए
6-8 फ्रेंच बीन्स, पतले लम्बे टुकड़े किये हुए
$^1/_4$ छोटी पत्तागोभी, पतले लम्बे टुकड़े किये हुए
1 बड़ा चम्मच लाइट सोया सॉस
$^1/_4$ छोटा चम्मच एम.एस.जी. (ऐच्छिक)
$^1/_4$ छोटा चम्मच सफेद मिर्च पाउडर
$^1/_2$ कप अंकुरित बीन्स
1 हरे प्याज़ की पत्तियाँ, लम्बे-पतले टुकड़े किये हुए

विधि

1) एक बड़े पेन में छह कप पानी उबालें. उसमें नमक और एक बड़ा चम्मच तेल डालें. नूडल्स डालकर पेन को गैस पर से उतार लें और तीन मिनट तक ढककर एक ओर रख दें. पानी निकाल कर ठंडा पानी डालें. फिर नूडल्स को निकालकर एक प्लेट में फैलाकर ठंडे होने के लिए रख दें.
2) कड़ाही में बचा हुआ तेल गरम करें; उसमें प्याज़ डालकर भूनें. दो मिनट तक चलाते रहें.
3) उसमें गाजर, शिमला मिर्च, फ्रेंच बीन्स और पत्तागोभी डालकर दो मिनट तक चलाते हुए भूनें.
4) नूडल्स, सोया सॉस, एम.एस.जी., नमक और सफेद मिर्च पाउडर डालें. तेज आँच पर दो मिनट तक पकायें. जब तक नूडल्स पूरी तरह से गरम ना हो जाये तब तक उन्हें ऊपर-नीचे उछालते रहें.
5) अंकुरित बीन्स डालकर अच्छी तरह मिला लें. हरे प्याज़ की पत्तियों से सजाकर गरमा-गरम परोसें.

चिली गार्लिक नूडल्स

लहसुन और मिर्ची डालकर बनाए गये ये नूडल्स तीखा खानेवालों को बेहद पसंद आएंगे!

सामग्री

200 ग्राम एगलेस नूडल्स
नमक स्वादानुसार
1 बड़ा चम्मच तेल
3 बड़े चम्मच चिली ऑइल (पृष्ठ क्र. 92)
1 मध्यम आकार का प्याज़, फाँकें की हुई
12-15 लहसुन की कलियाँ, फाँकें की हुई
3 ताज़ी लाल मिर्चें, पतली फाँकें की हुई
3 हरे प्याज़ की पत्तियाँ, बारीक कटी हुई
1 छोटा चम्मच रेड चिली सॉस
$^{1}/_{4}$ छोटा चम्मच एम.एस.जी. (ऐच्छिक)
1 छोटा चम्मच व्हाइट विनेगर
1 कप अंकुरित बीन्स

विधि

1) छः से आठ कप पानी में नमक और एक बड़ा चम्मच तेल डालकर नूडल्स डालें और लगभग पकने तक उबाल लें. पानी निकाल कर उसमें ठंडा पानी डालें. नूडल्स को ठंडे पानी में से निकालकर प्लेट में ठंडे होने के लिए फैला कर रख दें.
2) कड़ाही में दो बड़े चम्मच चिली ऑइल गरम करें. उसमें प्याज़, लहसुन, लाल मिर्च (थोड़ी सजाने के लिये अलग रखें) डालकर दो मिनट तक चलाकर भूनते रहें.
3) नूडल्स, हरे प्याज़ की पत्तियाँ, रेड चिली सॉस, एम.एस.जी., विनेगर और नमक डालकर दो मिनट तक पकायें. जब तक नूडल्स अच्छी तरह से गरम ना हो जायें तब तक उछालना और चलाना जारी रखें.
4) अंकुरित बीन्स और बचा हुआ चिली ऑइल डालकर अच्छी तरह से मिला लें.
5) लाल मिर्च से सजाकर गरमा-गरम परोसें.

पाइनएप्पल फ्राइड राइस

अनानास के स्वाद वाले इस फ्राइड राइस का ज़ायका कुछ और ही है!

सामग्री

3-4 डिब्बाबंद अनानास की फाँकें, बारीक कटी हुई

$1\frac{1}{2}$ कप चावल, भिगोया हुआ

नमक स्वादानुसार

2 बड़े चम्मच तेल

4 हरे प्याज़, बारीक कटे हुए

2 हरी मिर्चें, बीज निकालकर बारीक कटी हुई

1 छोटी गाजर, कद्दूकस की हुई

6-8 फ्रेंच बीन्स, फाँकें की हुई

1 छोटा चम्मच लाइट सोया सॉस

$\frac{1}{4}$ छोटा चम्मच एम.एस.जी. (ऐच्छिक)

1 ताज़ी लाल मिर्च, बीज निकालकर पतले लंबे टुकड़े किये हुए

(चित्र पृष्ठ क्र 70 पर देखे)

विधि

1) चार कप उबलते हुए नमक वाले पानी में चावलों को लगभग पकने तक पकायें. पानी निकालकर उसमें ठंडा पानी डालें. फिर चावल निकालकर एक प्लेट में ठंडे होने के लिये फैलाकर रखें.
2) एक कड़ाही में दो बड़े चम्मच तेल गर्म करें. उसमें हरे प्याज़ और हरी मिर्चें डालकर एक मिनट तक चलाते हुए भूनें.
3) गाजर और फ्रेंच बीन्स डालकर और दो मिनट तक भूनें.
4) चावल, सोया सॉस, नमक और एम.एस.जी. डालकर दो मिनट तक भूनें. चलाना और उछालना जारी रखें. उसमें अनानास डालें और एक मिनट तक भूनें.
5) ताज़ी लाल मिर्च से सजाकर संभव हो तो ताज़े अनानास के खोल में गरमा-गरम परोसें.

क्विक स्टर-फ्राइड नूडल्स

झटपट बनने वाले यह फ्राइड नूडल्स आपको ज़रूर पसंद आएंगे।

सामग्री

200 ग्राम एगलेस नूडल्स
नमक स्वादानुसार
3 बड़े चम्मच तेल
1 मध्यम आकार का प्याज़, पतली फाँकें किया हुआ
1 मध्यम आकार की गाजर, पतले लम्बे टुकड़े किये हुए
$^{1}/_{4}$ मध्यम आकार की पत्तागोभी, लंबी पतली पट्टियों में कटी हुई
1 मध्यम आकार की हरी शिमला मिर्च, पतले लम्बे टुकड़े किये हुए
2 हरे प्याज़ की पत्तियाँ, तिरछी फाँकें की हुई
$1^{1}/_{2}$ बड़े चम्मच लाइट सोया सॉस
1 कप अंकुरित बीन्स
1 छोटा चम्मच तिल का तेल

विधि

1) छः से आठ कप पानी में नमक और एक बड़ा चम्मच तेल डालकर नूडल्स डालें और लगभग पकने तक उबालिये. पानी निकाल कर उसमें ठंडा पानी डालें. फिर उसमें से नूडल्स निकाल कर ठंडे करने के लिए एक प्लेट में फैला कर रखें.
2) कड़ाही में दो बड़े चम्मच तेल धुआँ उठने तक गरम करें. उसमें प्याज़ डालकर एक मिनट तक चलाते हुए भूनें. उसमें गाजर, पत्तागोभी और शिमला मिर्च डालकर दो से तीन मिनट तक चलाते हुए भूनें.
3) उसमें नूडल्स और नमक डालें; एक और मिनट तक चलायें.
4) उसमें हरे प्याज़ की पत्तियाँ और सोया सॉस डालकर उछालकर मिलायें. अंकुरित बीन्स डालकर अच्छी तरह से उछाल कर मिलायें.
5) नूडल्स को सर्विंग बाउल में निकालें और उस पर तिल का तेल छिड़ककर तुरंत परोसें.

ट्रिपल शेज़वान राइस

नूडल्स और राइस की तीन परतों से बने यह तीखे शेज़वान राइस वाकई लज़ीज हैं।

सामग्री

100 ग्राम एगलेस नूडल्स
नमक स्वादानुसार
2 बड़े चम्मच तेल + तलने के लिये
1½ कप सिंगापुर नूडल्स (पृष्ठ क्र. 78)
2 मध्यम आकार के प्याज़, बारीक कटे हुए
4 बड़े चम्मच शेज़वान सॉस (पृष्ठ क्र. 93)
1½ कप वेजिटेबल फ्राइड राइस (पृष्ठ क्र. 80)
3 बड़े चम्मच हॉट गार्लिक सॉस (पृष्ठ क्र. 92)
2 छोटे चम्मच कॉर्नफ्लोर
½ कप वेजिटेबल स्टॉक (पृष्ठ क्र. 93)
2 डंठल हरे प्याज़ की पत्तियाँ, बारीक कटी हुई

विधि

1) छः से आठ कप पानी में नमक और एक बड़ा चम्मच तेल डालकर नूडल्स डालिये और लगभग पकने तक उबालिए. पानी निकाल कर उसमें ठंडा पानी डालें. पानी में से निकालकर नूडल्स को प्लेट में फैला कर ठंडा कर लें.

2) कड़ाही में तेल गरम करें और नूडल्स को कुरकुरा और सुनहरा भूरा होने तक तलें. निकालकर तेल सोखने वाले कागज़ पर रखें.
3) कड़ाही में एक बड़ा चम्मच तेल गरम करें, उसमें आधे प्याज़ डालकर कुछ देर तक चलाते हुए भूनें. उसमें सिंगापुर नूडल्स और एक बड़ा चम्मच शेज़वान सॉस डालकर तेज आँच पर दो मिनट तक पकायें. नूडल्स अच्छी तरह से गरम हो जाने तक चलाना और उछालना जारी रखें. उन्हें निकालकर एक बाउल में रखें, वे गरम रहें इस बात का ध्यान रखें.
4) उसी कड़ाही में एक बड़ा चम्मच तेल गरम करें; बचा हुआ प्याज़ डालकर कुछ सेकंड तक चलायें. उनमें वेजिटेबल फ्राइड राइस और एक बड़ा चम्मच शेज़वान सॉस डालकर तेज आँच पर दो मिनट तक पकायें, चलाना और उछालना जारी रखें. इसे भी दूसरे बाउल में रखें और वह गरम रहे इस बात का ध्यान रखें.
5) एक पेन में तीन बड़े चम्मच हॉट गार्लिक सॉस गरम करें. दो छोटे चम्मच कॉर्नफ्लोर और आधा कप वेजिटेबल स्टॉक मिलाकर पेन में डालें. लगातार चलाते हुए मिश्रण को गाढ़ा होने तक पकायें.
6) एक बड़े सर्विंग बाउल में पहले सिंगापुर नूडल्स सजाकर रखें, उस पर वेजिटेबल फ्राइड राइस और सबसे ऊपर कुरकुरे तले हुए नूडल्स सजाकर रखें. उस पर गाढ़ा हॉट गार्लिक सॉस फैलाकर हरे प्याज़ की पत्तियों से सजाकर गरमा-गरम परोसें.

सिंगापुर नूडल्स

सिंगापुर स्टाइल में बने यह राइस नूडल्स अपने अनूठे स्वाद के कारण काफी लोकप्रिय हैं।

सामग्री

200 ग्राम राइस नूडल्स
नमक स्वादानुसार
1 बड़ा चम्मच तेल
4 बड़े चम्मच चिली ऑइल (पृष्ठ क्र. 92)
1 इंच अदरक, छोटे टुकड़े किये हुए
3-4 लहसुन की कलियाँ, छोटे टुकड़े किये हुए
$^1/_4$ छोटी पत्तागोभी, लंबे-पतले टुकड़े किये हुए
1 छोटी गाजर, कद्दूकस की हुई
1 मध्यम आकार की शिमला मिर्च, लंबे पतले टुकड़े की हुई
2 हरे प्याज़, फाँकें की हुई
$^1/_2$ बड़ा चम्मच लाइट सोया सॉस
3 बड़े चम्मच टोमैटो सॉस
$^1/_4$ छोटा चम्मच एम.एस.जी. (ऐच्छिक)
$^1/_2$ छोटा चम्मच सफेद मिर्च पाउडर
$^1/_2$ कप अंकुरित बीन्स
1 बड़ा चम्मच व्हाइट विनेगर

विधि

1) एक बड़े पेन में छ: कप पानी उबालें. उसमें नमक और एक बड़ा चम्मच तेल डालें. उसमें नूडल्स डालें और पेन को आँच पर से उतार लें. ढककर तीन मिनट तक एक ओर रख दें. फिर पानी में से निकाल कर उसमें ठंडा पानी डालें. फिर नूडल्स निकालकर ठंडे करने के लिए एक प्लेट में फैलाकर रखें.
2) कड़ाही में चिली ऑइल गरम करें. उसमें अदरक, लहसुन डालकर एक मिनट तक चलाते हुए भूनें. पत्तागोभी, गाजर और शिमला मिर्च डालकर एक मिनट तक चलाते रहें. हरा प्याज़ डालें (थोड़ी पत्तियाँ सजाने के लिये रखें.) तेज आंच पर एक मिनट तक पकायें.
3) नूडल्स, सोया सॉस, टोमैटो सॉस, एम.एस.जी., सफेद मिर्च पाउडर और नमक डालकर अच्छी तरह मिला लें और दो निनट तक पकायें. चलाना और उछालना जारी रखें.
4) अंकुरित बीन्स और विनेगर डालकर उछालकर अच्छी तरह से मिला लें. हरे प्याज़ की पत्तियों से सजाकर गरमा-गरम परोसें.

वेजिटेबल फ्राइड राइस

सब्ज़ियाँ डालकर बनाए गए यह गरमा-गरम फ्राइड राइस ज़रूर खाकर देखें।

सामग्री

$1\frac{1}{2}$ कप चावल
12-15 फ्रेंच बीन्स, फाँकें की हुई
1 मध्यम आकार की गाजर, बारीक कटी हुई
1 मध्यम आकार की शिमला मिर्च, बारीक कटी हुई
$\frac{1}{4}$ मध्यम आकार की पत्तागोभी, कटी हुई
4 बड़े चम्मच तेल
3-4 लहसुन की कलियाँ, बारीक कटी हुई
नमक स्वादानुसार
1 छोटा चम्मच लाइट सोया सॉस
$\frac{1}{4}$ छोटा चम्मच एम.एस.जी. (ऐच्छिक)
$\frac{1}{2}$ छोटा चम्मच सफेद मिर्च पाउडर
$\frac{1}{2}$ बड़ा चम्मच व्हाइट विनेगर
2 हरे प्याज़ की पत्तियाँ, फाँकें की हुई

विधि

1) चावल को चार से पाँच कप पानी में एक घंटे तक भिगोकर रखें. पाँच कप पानी में लगभग पकने तक पकायें. चावल निकाल कर एक प्लेट में ठंडे होने के लिए रखें.
2) कड़ाही में तेल गरम करें. उसमें लहसुन डालकर एक मिनट तक चलाते हुए भूनें. उसमें फ्रेंच बीन्स, गाजर, हरी शिमला मिर्च और पत्तागोभी डालकर दो मिनट तक चलायें.
3) उसमें पके हुए चावल और नमक डालकर लगातार चलाते हुए एक मिनट तक पकायें. उसमें सोया सॉस, एम.एस.जी. और सफेद मिर्च पाउडर डालकर अच्छी तरह से मिला लें.
4) विनेगर डालकर अच्छी तरह से मिलायें. हरे प्याज़ की पत्तियों से सजाकर गरमा-गरम परोसें.

ऑमन्ड पुडिंग

चायना ग्रास से बना बादाम के स्वाद वाला यह पुडिंग लाजवाब है।

सामग्री

15 ग्राम अगार-अगार (चायना ग्रास)
$1^3/_4$ कप दूध
$1^1/_4$ कप शक्कर
$1^1/_2$ छोटा चम्मच बादाम का एसेन्स

विधि

1) अगार-अगार के एक-एक इंच के टुकड़े कर लें. इसे ढाई कप ठंडे पानी में आठ घंटे तक भिगोकर रखें. हिलाए नहीं.
2) सॉस पेन में अगार-अगार को पानी सहित डालकर एक उबाल लाएं. आँच धीमी कर अगार-अगार पानी में घुल जाने तक उबालें.
3) दूसरे पेन में दूध गरम करें. एक उबाल आने पर इसे अगार-अगार में डालें. शक्कर डालकर मिलायें. हल्के हाथों से हिलाते हुए दस मिनट तक पकायें.
4) बादाम का एसेन्स डालकर हिलायें. पेन को गैस पर से उतार लें. मिश्रण को साढ़े आठ इंच लंबी और साढ़े छह इंच चौड़ी व एक इंच गहरी ट्रे में डाल दें.
5) अगार-अगार कमरे के तापमान पर जम जायेगा. जमने के बाद इसके चौकोर टुकड़े कर लें और परोसें.

बेक्ड कोकोनट राइस पुडिंग

नारियल और चावल से बना यह चायनीज़ पुडिंग ज़रूर चखकर देखें।

सामग्री

$^1/_4$ कप छोटे या गोल चावल
$2^1/_2$ कप नारियल का दूध
$1^1/_4$ कप दूध
1 नींबू के छिलके का लच्छा
$^1/_2$ कप केस्टर शुगर
$1^1/_2$ बड़े चम्मच मक्खन
एक चुटकी चक्री फूल का पाउडर

विधि

1) एक अवन प्रूफ डिश में हल्का सा मक्खन या घी लगा लें. अवन को 180^0 पर पहले से ही गरम कर लें.
2) चावल, नारियल का दूध, दूध, नींबू के छिलके और केस्टर शुगर को एक साथ मिला लें. इस मिश्रण को घी लगी डिश में डालें. ऊपर से मक्खन डालकर अवन में कम से कम आधे घंटे तक पकने के लिये रखें.
3) डिश बाहर निकालें. नींबू का छिलका निकाल लें. एक चुटकी चक्री फूल का पाउडर डालकर हल्के हाथों से मिला लें.
4) डिश को वापस अवन में रख कर साठ से नब्बे मिनट तक पकायें या लगभग सारा दूध सूखने और ऊपरी सतह सुनहरी भूरी होने तक पकायें.
5) इस पुडिंग को अपनी पसंद के ताज़े फलों के साथ गरम या ठंडा परोसें.

शेफ का सुझाव

यदि ऊपरी सतह पकने के समय से पहले ही सुनहरी हो जाये तो उसे ज्यादा सुनहरी होने से बचाने के लिये डिश को एल्युमिनियम फॉईल से ढक दें.

दारसान

तिल और शहद के अनोखे स्वाद वाला मीठा व्यंजन!

सामग्री

16-20 वॉनटॉन रेपर्स (पृष्ठ क्र. 38)
तेल तलने के लिये
1 बड़ा चम्मच मक्खन
$1/4$ कप शक्कर
$1/4$ कप शहद
2 बड़े चम्मच तिल, सेंके हुए
2 बड़े चम्मच आइसिंग शुगर

विधि

1) वॉनटॉन रेपर्स में आठ से दस लंबे चीरें लगाइये, किनारों को न काटें. ऊपर और नीचे के किनारों को पानी से गीला करें, तथा उन्हें एक साथ लाकर चॉकलेट के रेपर की तरह मोड़ें. इन्हें दबाकर चिपका दें.
2) कड़ाही में तेल गरम करें, रेपर्स को एक मिनट तक कुरकुरा और सुनहरा भूरा होने तक तलें. निकालकर तेल सोखने वाले कागज़ पर रखें. फिर एक उथली प्लेट में इसे सजा लें. इसे गर्म ही रखें.
3) पेन में मक्खन गरम करें और उसमें दो बड़े चम्मच पानी और शक्कर डालें. शक्कर गल कर हल्की भूरी होने तक पकायें. आँच कम कर शहद डालकर चलायें. इस गरम सॉस को तले हुए वॉनटॉन पर डालें. सेंके हुए तिल और आइसिंग शुगर डालकर गरमा-गरम परोसें.

डेट एन्ड वॉलनट वॉन्टॉन्स

खजूर और अखरोट से बना पारंपरिक चायनीज़ व्यंजन !

सामग्री

100 ग्राम खजूर, बीज निकालकर बारीक टुकड़े किये हुए
$^1/_2$ कप अखरोट की गिरी
16 वॉनटॉन रेपर्स (पृष्ठ क्र. 38)
2 बड़े चम्मच ब्राउन शुगर
$^1/_4$ छोटा चम्मच दालचीनी पाउडर
तेल तलने के लिये

विधि

1) अखरोट की गिरी को दो कप पानी में एक मिनट तक उबालें. गिरी निकालकर सुखा लें और उसके मोटे-मोटे टुकड़े कर लें.
2) खजूर, अखरोट, ब्राउन शुगर और दालचीनी पाउडर एक साथ मिला लें. इसके सोलह समान भाग कर लें.
3) इस भरावन को वॉनटॉन रेपर्स के बीच में रखकर वॉनटॉन के किनारों को पानी से गीला करें. रेपर को आधा मोड़ लें, किनारों को मोड़कर दबाकर चिपकायें.
4) कड़ाही में तेल गरम करें. उसमें वॉनटॉन को दो मिनट तक या सुनहरा भूरा होने तक तलें. निकालकर तेल सोखने वाले कागज़ पर रखें. आइसक्रीम के साथ इसे गरमा-गरम परोसें.

टॉफी लीचीस

लीची से बनी यह ठंडी-ठंडी टॉफी बच्चों को बेहद पसंद आएगी।

सामग्री

16 डिब्बा बंद लीची
$\frac{1}{2}$ कप मैदा
2 बड़े चम्मच कॉर्नफ्लोर
$\frac{1}{4}$ छोटा चम्मच बेकिंग पाउडर
तेल तलने के लिये
1 बड़ा चम्मच मक्खन
$\frac{1}{2}$ कप शक्कर
1 छोटा चम्मच तिल, सेंके हुए

विधि

1) मैदा, कॉर्नफ्लोर और बेकिंग पाउडर को मिलाकर छान लें. उसमें एक तिहाई कप पानी मिलाकर अच्छी तरह से फेंट कर घोल बना लें.
2) कड़ाही में तेल गरम करें. लीची को घोल में डुबोएं और फिर तेल में लगभग एक मिनट तक या सुनहरा भूरा होने तक तलें. लीची को पलटते रहें. निकालकर तेल सोखने वाले कागज़ पर रखें, ध्यान रहे की यह गर्म ही रहें.
3) एक पेन में मक्खन गरम करें. इसमें दो बड़े चम्मच पानी और शक्कर मिला लें. शक्कर को पिघलने और हल्का सुनहरा भूरा होने तक गरम करें.
4) पेन को गैस पर से उतार लें और तली हुई लीची को चीनी के गरम घोल में डुबोयें. उस पर तिल छिड़कें और तुरंत बर्फ के पानी में सख्त होने के लिये डुबोयें. तुरंत परोसें.

हॉट गार्लिक सॉस

कड़ाही में दो बड़े चम्मच तेल गरम कर उसमें 2-3 सूखी लाल मिर्चें, 1 हरे प्याज़ के बारीक टुकड़े और 10 बारीक कटी लहसुन की कलियाँ डालकर भूनें. फिर इसमें 4 बड़े चम्मच टोमैटो सॉस, 1 बड़ा चम्मच व्हाइट विनेगर, 2 बड़े चम्मच लाल मिर्च पेस्ट, 1 बडा चम्मच हॉट ब्लैक बीन पेस्ट, 1 छोटा चम्मच शक्कर और स्वादानुसार नमक डालें. 1 कप वेजिटेबल स्टॉक और एक कप पानी में 2 बड़े चम्मच कॉर्नफ्लोर घोलकर सॉस में मिलायें. सॉस गाढ़ा होने तक पकाएं.

चिली ऑइल

कड़ाही में तेल गरम कर उसमें सवा कप मूंगफली का तेल गरम करें. उसमें 8 बड़े चम्मच सूखी लाल मिर्च के टुकड़े डालकर धीमी आँच पर कम से कम दस मिनट तक पकायें. ठंडा होने के लिए रख दें. पूरी तरह ठंडा होने पर उसमें 2-3 छोटे चम्मच लाल मिर्च पाउडर और 1-2 बड़े चम्मच तिल का तेल डालकर हिलाएं. बारह घंटे तक ऐसे ही ढककर रखें. बाद में छानकर साफ़ ज़ार में भरकर ठंडी जगह पर रख दें.

शेज़वान सॉस

10-12 सूखी लाल मिर्चों को एक कप पानी में पाँच से सात मिनट तक उबालें. ठंडा होने पर इसकी पेस्ट बना लें. पेन में तेल गरम कर उसमें बारीक कटी हुई 10 लहसुन की कलियाँ, 1 इंच अदरक के बारीक टुकड़े, 2 हरी मिर्चों के टुकड़े, 2 हरे प्याज़ के बारीक टुकड़े डालकर एक मिनट तक भूनें. फिर उसमें लाल मिर्च पेस्ट, बारीक कटी 2-3 इंच सेलरी डंठल, 3 बड़े चम्मच टोमैटो केचअप और नमक डालें. 2 छोटे चम्मच व्हाइट विनेगर डालकर धीमी आंच पर उबालें जब तक कि तेल ऊपरी सतह पर न आ जाए. ठंडा कर बोतल या ज़ार में भरकर रखें. यह सॉस एक महीने तक टिकता है.

वेजिटेबल स्टॉक

1 मध्यम आकार के प्याज़ की फाँकें, $^1/_2$ मध्यम आकार की गाजर की फाँकें, 2 से 3 इंच कटी हुई सेलरी डंठल, 2 लहसुन की मसली हुई कलियाँ, 1 तेजपत्ता, 5 से 6 काली मिर्चें और 2 से 3 लौंग को पाँच कप पानी में एक उबाल आने तक उबालें. फिर धीमी आँच पर पंद्रह मिनट तक उबालें. ठंडा कर छान कर ज़ार में भरकर फ्रिज में रखें. ये स्टॉक फ्रिज में दो से तीन दिन तक टिकता है.

पारिभाषिक शब्दावली

1. बेम्बू शूट - बाँस के तने के निचले भाग में उगे हुए भाले के आकार के अंकुर. यह सुपर मार्केट में डिब्बाबंद या ताज़े भी मिलते हैं.
2. ब्रोकोली - गहरे हरे रंग की फूलगोभी.
3. केस्टर शुगर - यह शक्कर का दानेदार पाउडर होता है. आप इसकी जगह सामान्य शक्कर को हल्का सा पीसकर उपयोग कर सकते हैं.
4. सेलरी - अजमोद, इसके तने और हरी पत्तियों को इनके अनोखे स्वाद और खुशबू के लिए व्यंजन बनाने में इस्तेमाल किया जाता है.
5. चायनीज़ पत्तागोभी - यह बड़े पत्तोंवाली एक विशिष्ट प्रकार की पत्तागोभी होती है जो चायनीज़ व्यंजन बनाने में इस्तेमाल की जाती है.
6. क्रीम स्टाइल स्वीट कॉर्न - यह विशिष्ट प्रकार के मकई के दाने होते हैं जिन पर क्रीम लगाकर प्रोसेस किया जाता है. यह सुपर मार्केट में मिलते हैं.

7. फाइव स्पाइस पाउडर - यह चक्रीफूल, सौंफ, लौंग, दालचीनी, अदरक, जायफल और शेज़वान पेपर को पीसकर उनके अलग-अलग मिश्रण से बनाया जाता है.

8. एम.एस.जी. - मोनोसोडियम ग्लूटामेट/अजीनोमोटो

9. राइस वाइन - यह चावल में खमीर उठाकर बनाई जाती है. यह सुनहरे-पीले रंग की होती है.

10. स्नो पीज़ - यह एक हरी चपटी फली होती है. यह बहुत नरम होती है. पकाते समय केवल ऊपरी और निचला सिरा काटा जाता है.

11. सोया सॉस - यह सोयाबीन, नमक, खमीर और शक्कर से बनाया जाता है. इसके दो प्रकार हैं – डार्क सोया सॉस, यह अधिक गाढ़ा और गहरे भूरे रंग का होता है. इसका स्वाद थोड़ा मीठा होता है. लाइट सोया सॉस, यह पतला और हल्के भूरे रंग का होता है. यह स्वाद में अधिक खारा होता है.

12. व्हाइट विनेगर - सिरका

13. ज़्युकिनी - यह ककड़ी के आकार की हल्की हरी या पीले रंग की सब्जी होती है.

मास्टर शेफ **संजीव कपूर** की अन्य किताबें

पेपर बेक

	MRP Rs.
• शाकाहारी स्नेक्स एंड स्टार्टर्स	110
• मांसाहारी स्नेक्स एंड स्टार्टर्स	99
• मीठी मुलाकात	99
• सूप्स, सलाद एंड सेंडविच	99
• शाकाहारी चायनीज़ कुकिंग	110
• मांसाहारी चायनीज़ कुकिंग	99
• माइक्रोवेव देसी कुकिंग	99
• पंजाबी कुकिंग	110
• सलाद	99
• ड्रिंक्स एंड मॉकटेल्स	99
• कड़ाही कुकिंग	99
• वेजिटेरियन ब्रेकफास्ट	110
• पनीर	110
• चिकन	110
• स्ट्रीट फूड	69
• प्रेशर कुकिंग	99
• राइस बिरयानी एंड पुलाव	110
• वेजिटेरियन राइस बिरयानी एंड पुलाव	110
• अचार और चटनी	110
• दाल - रोटी	110
• देसी सब्जियाँ	110
• सिम्पली इंडियन	195
• सरल माइक्रोवेव कुकिंग	195
• कोंकण कुक बुक	195

हार्ड बाउन्ड

	MRP Rs.
• नो - ऑयल कुकिंग	295
• नो - ऑयल वेजिटेरियन कुकिंग	275
• भारतीय व्यंजनों का खज़ाना	325
• भारतीय शाकाहारी व्यंजनों का खज़ाना	295
• भारतीय व्यंजनों का उत्सव	325